AF382952

Gedachte, Wesen

Versnovelle

Christoph Sebastian Widdau

Bibliografische Information der Deutschen Nationalbibliothek:
Die Deutsche Nationalbibliothek verzeichnet diese Publikation
in der Deutschen Nationalbibliografie; detaillierte bibliografische
Daten sind im Internet über dnb.dnb.de abrufbar.

Verlag: BoD · Books on Demand GmbH, In de Tarpen 42,
22848 Norderstedt, bod@bod.de
Druck: Libri Plureos GmbH, Friedensallee 273, 22763 Hamburg
ISBN: 978-3-7693-2414-3

Als dein Wort mir galt,
war es deines nicht,
womit gesagt ist alles,
nicht mehr, mehr, nicht

Inhalt

Liebsucht

Ausgespuckter Stachel Dorn,
mit dem wer Röschen kratzt im Zorn,
am Leib nicht, auf Beiblättern bloß,
verkümmern Zähren, Blut im Schoß

       Am Schenkelfleisch gescheuert, Band,
       der Liebsucht feucht in Bögen spannt,
       ein Namensruf, mehr bannt sich nicht,
       der hundertfach sich Irrspur bricht

Bricht Sturmwind Zweiglein, Splittertod,
pecht Staubschar Luft, Gevatter Schlot,
stöhnt Tor um Tor, gar zentnerweise,
hockt stumm am Glassprung wer, birst leise

»Tal zu Kuss,
Gezweiglochflunkern,
Glocke zu Stunde,
Liebschimmermund«

»Wange zu Wunde,
Spitzdornflackern,
Tal zu Schluss,
Laubblütenschlund«

Eint Lidschluss Nacken, Beine, Haar,
schweigt himmelfern ein Lippenpaar,
das keinen Hauch von wem empfängt,
als sich das Licht im Hofe senkt

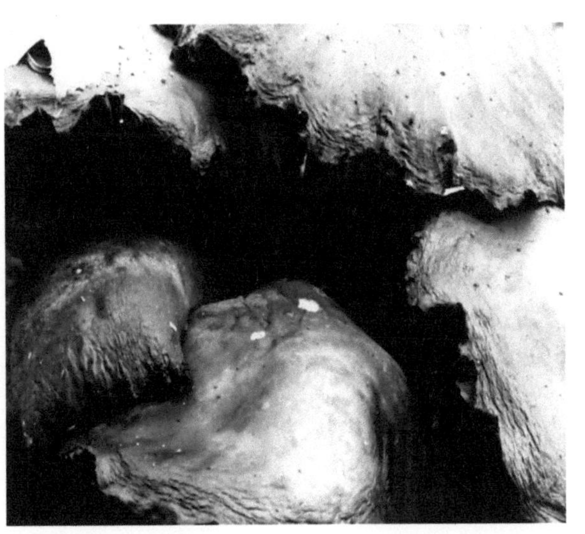

Schwarztinte

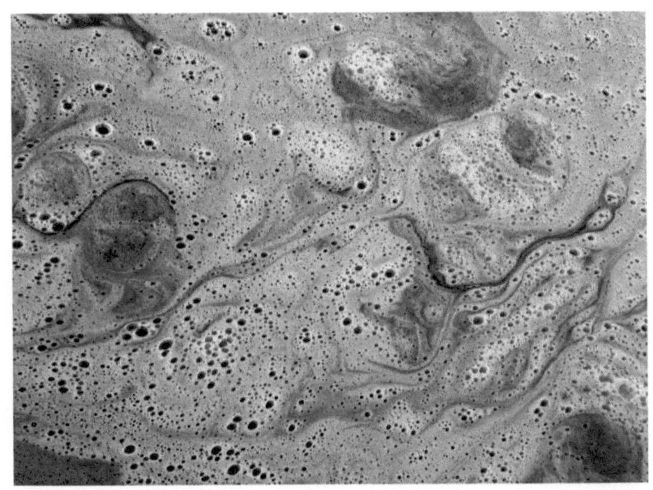

Schwarztinte flutet Raum und Zeit,
jungt Dunkelmeer, des Monds Geleit,
ein Nachttier sprudelt, Geist pulsiert,
ein Seelchen bangt, ein Sehnen klirrt

      Geblüt, Ringmuskel, Venenrausch,
        ein Klanggestumm, Wildfarbentausch,
      aus Schwarz und Weiß, bis die Brust fällt,
        ein Schritt ins Nichts, der ewig hält

Was zäh sich zwischen Kuppen spinnt,
als wär es Stück von ihr, das rinnt,
als wär es irgend, das sich regt,
doch nieder sich's in Unzeit legt

»Hangabwärts, entfliehst du, Hauch,
zerstückst am Stachel, Gestein,
an Kanten des Bruchs,
am Spechtschlag, am Tau«

»Geflüster, im Windschlag,
Schatten Tau, Stachel, Specht,
wo du standhältst, Lieb,
hangabwärts, am Stück«

Gesicht für wen, kein Klageschrei,
wo ihr Spruch Wunsch war – keinerlei,
im Grund aus Schaum und Wonneglut
ertränkt sich alles, Übel, Gut

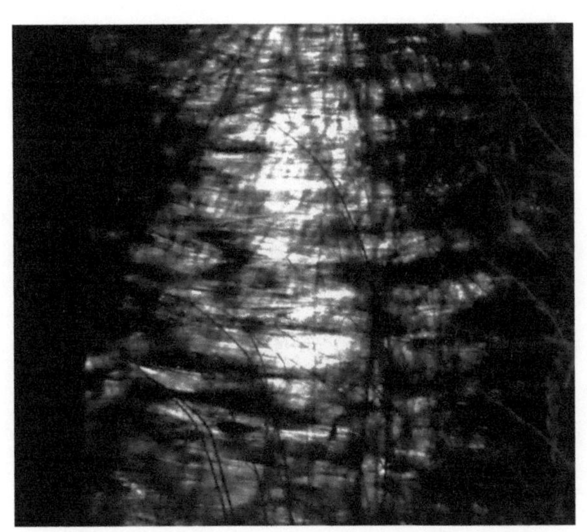

Kehraus

Der Dorn im Tintenpfützchen treibt,
als Sonnenglanz dem Born entsteigt,
als Morgenglast teilt Brot, Gott, Rinde,
Kehraus für alles Nachtgewinde

Ein Schwarm pflügt sich durch alle Lüfte,
aus Fenstern steigen Ofendüfte,
hangabwärts, Laken, Traumspukzeichen,
kein Laut kann aus dem Glassprung weichen

Kein Augenblick ruht auf der Schwelle,
wo Seele sei, ist's Irgendstelle,
war's Irgendstelle alle Stunden,
ein Leiden, innerlich gebunden

»Verziere mit Geschöpfen, Mädchenauge,
die Allee vor den Stufen,
ehre mit Seide, Schönschopf,
die Läden voll Wein«

»Verwöhne mit Honig, Sprungkind,
die Lappen unseres Viehs,
bevor ich entschwinde, Sein,
in den Saal keiner Heimstatt«

Doch was, in Strichen,
bleibt zu lesen?
Einzig Gekratztes:
»Gedachte, Wesen«